Poesia Original

NA PROA DO TROVÃO

Na proa do trovão

MAURÍCIO ROSA

Poemas

1ª edição, São Paulo, 2024

LARANJA ● ORIGINAL

Ao meu pai. Sempre.
À minha mãe, sem a qual este livro não seria possível.

Apresentação

Uma carta de bendição

por Lilia Guerra

Quando Maurício e eu conversamos sobre o *Na proa do trovão*, pedi que ele me contasse a história do livro, o processo de concepção.

Ele me disse que se tratava de uma tentativa de aproximação. Um exercício de imaginação sobre sua descendência e a raiz familiar, que só poderia ser tirada da terra com as mãos da poesia. Falou assim. Com a brandura de quem deseja um bom dia. Com a simplicidade de quem diz "até logo". Como se comentasse sobre a previsão de chuva para o domingo. Como se fosse a coisa mais natural do mundo. Falou e seguiu sua vida. E eu? Eu? Nunca mais fui a mesma.

Durante a leitura, deixei outras vezes de ser quem eu era, transformada a todo instante, ora pelo espanto, ora pela surpresa; incrédula e extasiada. A poesia reunida neste livro é vigorosa, feita a comida ancestral, preparada pelas mãos escuras de dedos nodosos das nossas mais velhas. Reconfortante como a fumaça produzida pelos cachimbos que, em baforadas, benziam nossos cangotinhos.

Conforme fui percorrendo os caminhos, entendi a missão que me foi incumbida quando aceitei o convite para escrever sobre este livro. Em investigação poética, Maurício refez trajetos. Durante a marcha, cultivou palavras-flores. Minha tarefa, como devota de sua poesia, tal qual fazem os beatos em dia de cortejo, foi colhê-las. E enfeitar com elas o andor para a procissão por onde o *Na proa do trovão* há de passear pelas cidades, carregado por muitas mãos. Não se trata de profecia. É justo que aconteça dessa maneira.

Me concedo o direito de usar clichês, desde que fique muito claro o que preciso expressar com exatidão. Que me importa o que vão dizer? A verdade é que, durante a viagem, a poesia brotou. Floresceu e se espalhou num descontrole impressionante. Ao final da caminhada, me encontrei banhada pela seiva, contaminada pelo perfume. Meu cesto, repleto de espécies raras: menina do mato, Ritinha, Maria Pantera, Carolina, a portuguesa... Flores capazes de fazer alguém amar como se ama um país.

"[...] amar como se ama um país" ... Ai de mim!

"[...] nunca mais é sábado enquanto não vieres"... Ai de mim!

"[...] ainda há solidões aqui/ faça o favor de bater os tapetes/ e retirar o pó dos poemas/ soltar os cabelos/ e revolver a terra dos canteiros" ... Ai de mim!

"[...] o buquê é lançado/ ninguém o alcança:/ pétalas arrebentam no chão"... Ai de mim!

Repetindo ladainhas, enxugando lágrimas, sou eu também uma vivente do arraial. Faço as vezes de madrinha, de tia. Ajoelhada em prece pelo teu destino. Grata por tua existência. Te abençoo, meu afilhado, meu sobrinho, que me beijou a mão e a face a cada página! Que renovou minhas esperanças ralas de ultimamente. Aguardo notícias suas. Conhecido, lido, comentado, mastigado e engolido. Carregado pelo povo brasileiro. O andor está florido, tudo pronto! Siga em paz, derramando suas aguardadas bênçãos.

Lilia Guerra é romancista e contista, autora, dentre muitas obras, de Perifobia *e* O céu para os bastardos.

Prefácio

Invenções semelhantes aos fatos

por Lilian Sais

A *Teogonia*, de Hesíodo, nos traz a primeira ocorrência de um poeta que, de certa forma, assina a sua própria obra. Neste poema, dedicado à origem e genealogia dos deuses, Hesíodo nomeia a si mesmo ao narrar o seu encontro com as Musas; são os versos que seguem (vv. 22-35, em tradução de Jaa Torrano):

> Elas [As Musas] um dia a Hesíodo ensinaram belo canto
> quando pastoreava ovelhas ao pé do Hélicon divino.
> Esta palavra primeiro disseram-me as Deusas
> Musas olimpíades, virgens de Zeus porta-égide: [25]
> "Pastores agrestes, vis infâmias e ventres só,
> sabemos muitas mentiras dizer símeis aos fatos
> e sabemos, se queremos, dar a ouvir revelações".
> Assim falaram as virgens do grande Zeus verídicas,
> por cetro deram-me um ramo, a um loureiro viçoso   [30]

> colhendo-o admirável, e inspiraram-me um canto
> divino para que eu glorie o futuro e o passado,
> impeliram-me a hinear o ser dos venturosos sempre vivos
> e a elas primeiro e por último sempre cantar.
> Mas por que me vem isto de carvalho e de pedra?

Entre os versos 26-28 está a chave que acredito ser útil para a leitura de *Na proa do trovão*, em especial na afirmação categórica que parte da boca dessas divindades. Notam-se os verbos escolhidos: sabemos... dizer.../ e sabemos, se queremos...

A repetição do verbo "saber", em posição de início de verso, chama a atenção. As Musas têm o poder de domínio da palavra, isso está posto. Dar a ouvir revelações, no entanto, não depende apenas de saber fazê-lo, mas de *querer* fazê-lo.

Ainda que essa ressalva seja feita, é sempre difícil trabalhar com os conceitos de "verdade" e "mentira" na literatura. Por exemplo, por mais hiper-realista que se deseje um livro de poemas, poema é linguagem, e linguagem é construção. Não se relata uma memória; antes, constrói-se a memória com a linguagem. Fiquemos, então, com o que nos diz uma poeta contemporânea, Ana Martins Marques, em um de seus poemas de que mais gosto:

> o que nos aconteceu
> o que não nos aconteceu
> têm o mesmo peso no poema

De alguma forma, na navegação de *Na proa do trovão*, somos desafiados a sempre recalcular a rota da leitura. Esta genealogia, que aqui é humana, parte da bisavó dando à luz ao avô, mas o livro se apresenta como um mapa borrado que, aqui e ali, lembra um daqueles cartazes ainda hoje usados em teste de visão pelos oftalmologistas: no início, pensamos enxergar tudo com muita clareza, pois as letras grandes evidenciam que há ali um trajeto em que podemos confiar. Linha após linha, com as letras ficando cada vez menos evidentes, nossa confiança diminui: seria ali um "R" ou um "P"?

A sensação que tenho é exatamente essa: conforme avançamos, o livro se ressignifica poema após poema, transformando a leitura o tempo todo. Voltamos aos primeiros poemas mais desconfiados: seriam revelações (escrita de si) ou invenções semelhantes aos fatos, entre ficção e mentira?

Gosto de livros (e de poemas) assim: que nos fazem ter a sensação de que sabemos muito bem onde estamos pisando para, depois, puxarem o nosso tapete e nos fazer tombar de costas. Debatemo-nos como um besouro: a carcaça permanece firme, porém as pernas viradas para o ar valem pouco na defesa da sobrevivência.

Se nós leitores precisamos, por vezes, recalcular a rota neste livro, é porque os poemas flutuam como navios, equilibrando peso e leveza, fazendo com que sempre duvidemos do próximo verso, da próxima linha. E que bom que seja assim.

Lilian Sais é escritora, preparadora de texto e produtora de podcasts. Doutora em Letras Clássicas pela Universidade de São Paulo, publicou, dentre várias obras, Motivos para cavar a terra, O livro do figo *e* Palavra nenhuma.

Na proa do trovão

ABERTURA (ou Das Intenções)

*O brinquedo mais simples,
aquele que qualquer menino é capaz de fazer funcionar,
chama-se avô.*

Sam Levenson

Eu penso demais. Demais.

Lilia Guerra

FASCINAÇÃO

em algum lugar do rio de janeiro
    enquanto no palácio do catete
    o rei da bélgica experimentava
    os licores do progresso carioca
uma mulher contorcia-se no escuro

era na pequena áfrica
era na gamboa
era na saúde
era na pedra do sal
era no morro da providência talvez

sagrada como a casa de Tia Ciata
a barriga de minha bisavó despedia-se
daquele filho ilegítimo e tardio da abolição

luz que poderia dar além daquela não havia
    (por isso decidiu morrer por ali mesmo
    na penumbra de parir sozinha)

entre as suas pernas, contudo,
    o menino vivo,
        nome dado de véspera: Armando:
pai de minha mãe
pai de minhas tias e de meus tios
agora aqui comigo apenas um bebê:

calo o seu choro com canções
que ele ainda conhecerá
limpo o seu rosto cujos traços um dia herdarei
invento para ele uma outra sua história

nino o meu avô
e que esse poema seja o seu berço
e que esse livro seja a sua biografia incompleta

LATIN LOVER

bebê
corria por debaixo das saias
até chegar à bandeira da agremiação
do bloco de carnaval
(as cabrochas fazendo troça
passando com ele de mão em mão
numa confusão de pulseiras
e esponjas de pó de arroz)

quando moleque, virando rapaz
teve muitas mães
e a bruma adocicada do éter
fazendo seu batismo nos arcos da lapa
(esteve em todo canto
      dos goytacazes à petrópolis
sempre conduzido por uma mariposa
de boca vermelha)

e mais mulheres:
Menina do Mato
    Ritinha
        Maria Pantera
            Carolina, a portuguesa,

todas o fizeram amar como se ama um país:
    com volúpia e desesperança
    com ânsia de fuga e arregos de regresso

e em todas elas um pouco de sua mãe:
aquela sílaba negra rasgando toda palavra de afeto

MENINA DO MATO

(um amor)

da primeira namorada não se esqueceu
pois nela faltava um dente
um pedaço da orelha esquerda
(também não tinha o dedo mindinho
e o umbigo era ausente na barriga plana)

Armando prometeu um dia restituí-la
      e antes que ela minguasse por completo
fizeram um catálogo de ausências:
parte do joelho direito, alguns cílios,
um rim, um terço das costelas,

certa feita ela se embrenhou no mato
era domingo
      e sumiu

veio segunda, terça, quarta
cinco semanas, dois meses, um ano

ele então se colocou diante do matagal
e retirou dos bolsos
      feito oferenda
um naco de nariz
uma porção de unhas
um punhado de cabelo

um pé
um olho estrábico

ele guardou por muito tempo esses despojos:
ela não retornou para sondar nem sentir o bafio

um dia Armando desistiu
e lançou rio abaixo aquelas sobras
alimentando enguias sobrenaturais
        famintas por graça e inocência

CAROLINA
(outro amor)

levo-te para cama:
afofa as coxas desta tua portuguesa, Armandinho

nunca mais é sábado enquanto não vieres,
estou a pôr paninhos quentes em vossa ausência

contigo é ouro sobre azul
numa noite brutal de estrelas e ouriços

venhas ligeiro que lhe descalço essas botas,
venhas viver à grande e à francesa

dou-te tudo e até aquilo, meu moreno,
esqueças o que tiveres de mulatinhas por aí

nesta alva terás refestelo & barriga cheia,
façamos a partir de nós um Brasil de justa medida e misturadinho

abandone as tuas que deserto dos meus
não demores por demais pois aqui estou:
    ovelha a enredar-se na própria lã,
    amaldiçoando meus pastores,
    rebelde querendo de ti não só o abate,
    mas também o renovado apetite,
    sempre e sempre,
    amém

QUIBE CRU

em uma viela de Damasco
    na Síria
Naser aprendeu a receita

no Brasil
    Rio de Janeiro
catequizou Armando entre
ramos de hortelã

quibe cru:
carne de boi em falta
do carneiro sagrado dos curdos
molho de limão
    tamarindo
    ou tomate
trigo tabule em grandes sacas
que aportavam de navio
após servir de cama aos ratos

oferece bem garçom a iguaria
— Naser mandava

Armando-no-primeiro-emprego
    incréu que aquilo
        pudesse agradar brasileiro
seguia a ordem do patrão

o quibe fracassou, é claro:
acabaram por vender empadas
e servir joelho de porco como quitute

Naser trocou o arak pela cachaça
Armando a servidão das mesas
pelo martelo na companhia ferroviária

teria Naser voltado à síria
ou quem sabe visto nas dobras
do seu kaftan o futuro no Brasil?

teria Armando saudade
do petisco estrangeiro
ou firmado o gosto pela feijoada?

do primeiro emprego também não se esquece

SÓ LOUCO

(o grande amor ou quando o avô conheceu a avó)

vê-la era turvar diante das outras
ouvir o que lhe saía pela boca
era soterrar qualquer som
que corresse pelas beiradas

ela era um totem que o apequenava
— reles futuro pai de seus filhos
       homem capaz de não regatear esforços
       pelo pão e pela cama —

ela não poderia saber que um flerte
que pressentiu seus ovários
faria da mala que trouxe do Rio Grande do Norte
um depósito para o enxoval de seus meninos
      — e dos que viriam —

de circunstância tantas o amor se fez
      e como bons cristãos
ramificaram o terreno até o ventre suportar
plantaram e colheram
maturaram o quanto possível
permitiram enfim
que um dia eu nascesse
para fazê-los corar
aqui
100 anos depois

NUVEM PASSAGEIRA
(a avó)

nuvem adquirindo várias formas
movível, errática, mas presente:
uma cordilheira ou um parque industrial
uma praia e sua borda
ou uma chaleira com fumaça e tudo

porém, nuvem caída sobre ela é vestido de noiva
Armando olhando mais de perto:
nuvem se tornando mãe
nuvem convertida em cozinheira
nuvem parecida com água
lavando a fralda dos pequenos
nuvem de levar para a cama
nuvem moldada pelo vento no formato exato:
dois olhos tenazes, anca multifacetada
mãos de embalar, bater
pernas de seguir
e só retroceder para botar
      ombro a ombro
seu homem de pé

COISAS DA VIDA

fazer a mudança como quem
permuta com o destino

apostar no acaso
e em seu quinhão de luz
e fatalidade

levar todos ciganamente
para outro lugar

construir um lar
paredes e alicerces:
o tijolo do necessário
pedras de comunhão
e blocos sutis
        que o vento não racha
        nem a raiva confina

dentro
um pequeno altar
onde depositar a fé
em promessas aos santos

e que Deus proteja
a casa dos perigos da cidade nova

e dos males que a própria família gesta
    silenciosamente
em todo cômodo

TANGARÁ

o pai

(antes de ser meu avô)

na barba volumosa
levava as chaves da casa:
    o fumo crioulo
    o milho das galinhas
por debaixo da barba
escondia a boca de beijar sua nêga
    as palavras de ira
    o amarelo dos dentes
em torno da barba
carregava seu rosto
    as minhas feições
    e essa história

a família

aos poucos foram chegando todos
seriam nove os filhos
três deles misteriosos quanto à concepção
  — toda família conserva
   silêncios na cabeceira da cama
   conversas interditas na cozinha
   névoas no subsolo —

onze pessoas em uma casa
  e toda casa é um templo ou um alçapão
  um espaço encerrado no que tem de
  virtuoso e fonte de perigo

meninos e meninas nascidos na cama do casal
rebentados pela mão da parteira de tradição
crescidos no quintal como cereais que minha avó
debulhou e botou secos
  porém férteis
    no mundo

como todo começo é perpétuo
em sua possibilidade de extinção
aqui estou para prosseguir
  ou encerrar
essa linhagem

os de tangará

o tangará preto, azul e vermelho
pousou em lugar ermo
contraiu sua tímida cloaca
e expulsou de si uma cidade e sua gente:
fofoqueiras de terço na mão
        beberrões cheios de lábia
                famílias cordiais
                      a capela
                              terra batida em lugar de
asfalto
        o armazém de secos & molhados
a pharmácia de Seu Libório

os viventes desse arraial
        típico cafundó
fizeram as vezes de padrinhos e madrinhas
de tias e tios meus

povo brasileiro sempre reclamando do preço do feijão
matando porco no domingo
e sonhando com a missa do galo
        (quando se sentiam um pouco santos
        um pouco filhos de Deus)

os imigrantes

vindos de outro estado
os viajantes falavam outra língua
e como foi custoso singrar o molhado
daqueles sotaques do Norte
      — cavalgadura aparentada
        mas tão distante de sua mulher

Armando respeitoso se punha
      grato à sogra
        mas afastado do restante da família
inconvenientes turistas que desciam do jegue
trazendo outros estranhos na garupa:
a casa se enchia e dormiam até na copa das árvores
ou em meio à caca do galinheiro

nessas horas
agradecia por não ter antepassados
achando feio armar tenda no quintal alheio
sonhando o milagre da evaporação:
quando todos subiriam aos céus
impossíveis de serem vistos e ouvidos

                          para todo o sempre

o forasteiro

Armando disse que o tinha visto do lado de cá
    assim como que dentro da gente

feito uma lamparina que
    mesmo depois de apagada
ainda lança sombras na parede

uma silhueta de chapéu e capa
rondando a casa

prenúncio de mau tempo
pior do que o grito curvo da coruja
ou a vigília insuspeita de um urubu

entrem todos, ordenava minha avó,
    amanhã começamos uma novena

os jovens
(tias e tios meus I)

nascidos para serem velhos
resolutos na sobrevivência
como questão-única

casar e ter menino:
nada de ambições além do alpendre:
toda aspiração é pecado

mas por dentro bem queriam
estourar o borbotão
ir correnteza abaixo
pé solto no fluxo
sem marcha na golfada
   de ter barba crescendo na cara
   seios despontando
   debaixo do vestido de chita

o artista

tio,
acredito em seus talentos

confinado em seu quarto
    o senhor sendo maior
    do que aquele cubículo comportava

espero que
    cada palavra investigada com lupa
    tenha explodido uma parede
        que cada filme visto ao pé da tela
        tenha sacudido o telhado
            que cada disco na vitrola
            tenha aberto uma vala no chão
                (por onde o senhor pôde empreender
                uma escalada ao contrário:
                tudo desmoronando
                para que pudesse ascender ao fundo:
                limo também é cometa)

os amigos

poucos e ruins
iam até onde a
educação tolerava

nada de festas
nada de cafés
nada de apadrinhar casais

aliás
      amigo não
conhecido
      no extremo
colega

desconfiar sempre
era o mote:
no enlace a cobra se aninha
mal se vê
      iridescente e venenosa
a gota suspensa na presa

amigos? da onça e do cão
nossos? não

os políticos

construir-se-á escola
posto de saúde
o asfalto virá a reboque do progresso

tangará
        uma dentre tantas
        cidades do porvir
será graças ao regime militar
aos coturnos de seus generais
e ao portentoso esquema de
silêncio e disfarce
um povoado sem desencanto

os políticos ligarão a tomada
das correntes elétricas
trarão o lume da televisão
e as maravilhas da máquina de lavar

no palanque
        sob a lona de circo
grilhão e discurso
todos à mercê desses homens:
assim sempre foi
assim sempre será

A DOR A MAIS

o amigo

quem era ele
que deixou quatro bocas abertas
oito braços afogados no mangue
um coração macerado na pedra
e esse arcano debaixo dos nossos pés?

CAPRICHO

ainda há solidões aqui
faça o favor de bater os tapetes
e retirar o pó dos poemas
soltar os cabelos
e revolver a terra dos canteiros
falar de estrela, lua, vento
qualquer bobagem que fortaleça

O CASARÃO

os velhos

(o grande amor de novo ou quando o avô e a avó inventaram a eternidade)

o bom de casar até murchar
mirrando aos olhos que
        por detrás da grossa lente
ainda convocam o seu corpo
        (apesar dos seios da fafá de belém
        e da calça justa do moço do cigarro
        chanceler passando na televisão)

prazer de caducar
alimentando os coelhos na cama

regalo de definhar em braço que se reconhece
— devoto e esquadrinhador — há tantos anos
até que despontem os ossos
e a carne seja apenas recordação
engenho de Deus

os filhos
(tias e tios meus II)

filhos em pé
       barbados
       autorizados a ir ao cinema
       ou a tocar bateria no baile
       da jovem-guarda
filhas restritas
       domésticas
       confinadas à cozinha
       ou arrematando bainhas
       na máquina de costura
comum a todos o direito de fumar
       tomar frutado vinho de garrafão
       e abandonar a escola

a neta

sem que os filhos desejassem tê-la
a neta já corria pela sala:
adejava alçando voo entre os móveis
com sua boneca pretinha na mão

a neta veio antes de genros e noras

Armando ruminava nomes que coubessem no corpo dela
apelidos que a expandissem
e uma fascinante lista de provoca-risos

um dia enfim ela veio
escolheram chamá-la Luciana
e foi exatamente como ele sonhara
— ou um tanto melhor —
essa neta que prezou
pela verdade de sua imaginação

o genro

quando mão e mando
      que pastoreou as cabritas
vê os bigodes da raposa
trata logo de recolher as bichinhas
no curral doméstico

o onça também espreita faminta
já disputando com o gavião
que plana no alto a cabra
mais tenra do campo

mas há sempre um vacilo
      o bote acontece
e é preciso casar a filha

por via de regra
que venham depois os netos
(entre eles meus primos e eu):

todos raposas, onças e gaviões

a noiva

casar a filha de branco
e entender: tudo cambia
            menina vira mulher

o véu sustém antiga ideia de honra
que Armando se orgulho
ao ponto de pedir perdão por ser pelego
               perdão por ser afetuoso
               perdão por ser pai

o padre fala coisas importantes
           — o amor no genuflexório
             exigindo esforço e sacrifício —

Armando pensa que é mais fácil do que aquilo
mas sabe apenas uma imagem para dizer:

ponha o espelho diante do álbum de nossa família
ali estará toda a lição

os noivos se despedem na igreja
salpicados pela chuva de arroz

então desentender: tudo permanece
               filho é nosso

o buquê enfim é lançado
    ninguém o alcança:

          pétalas arrebentam no chão

os de fora

(avô velhíssimo)

no momento de se recolher
      jabuti na idade e na carapaça
vê-se míope a vida

depois que o tórax
e as costelas formam o casco
o fardo não é volume que se descarta:
vira bagagem de carregar nosso próprio mito

os de fora da couraça
são personagens dessa fábula
já tão sem importância
findando sem moral da história
mas deixando o que se lembra
ou inventa sobre ela

as namoradas

apareceram ao pé da cama
iguais ao que eram antes
        sem vestígio de decurso
        novas de rosto e de corpo

olharam-no dos pés à cintura
passaram rápido pelo peito
chegaram ao rosto:
        como está velho, Armando!

elas
        tão imutáveis nesse delírio
foram suficientes para ensinar a ele
o ofício exercido ao longo de tantos filhos

grato
deixou que elas o vestissem para levá-lo

ele viu de relance
        e por detrás delas
o rosto de sua mãe

minha avó
        fingindo dormir

                e sabendo de tudo
disse
                silenciosamente
adeus

RETRATO

ele foi a tempestade
que nos levou a todos
na proa do trovão

ele foi a sílaba
a raiz e o radical
de toda uma prole de palavras

ele foi a enxada
que fundou na terra
o cavado de uma estirpe retinta
espetada pela miscigenação

ele foi o que se desfez
    (e o que se refaz)
enquanto houver a sombra
de seu voo fantasma

ele foi o romanceiro
desse meu sangue
em tudo parecido com o dele

ele foi o meu avô
tão desconhecido quanto insigne
herói comum de pouca odisseia

rendo aqui
a minha obstinada invenção
de trazê-lo à linguagem

e rezo à palavra
que permite encontros impossíveis
e mentiras que parecem verdade

nino o meu avô

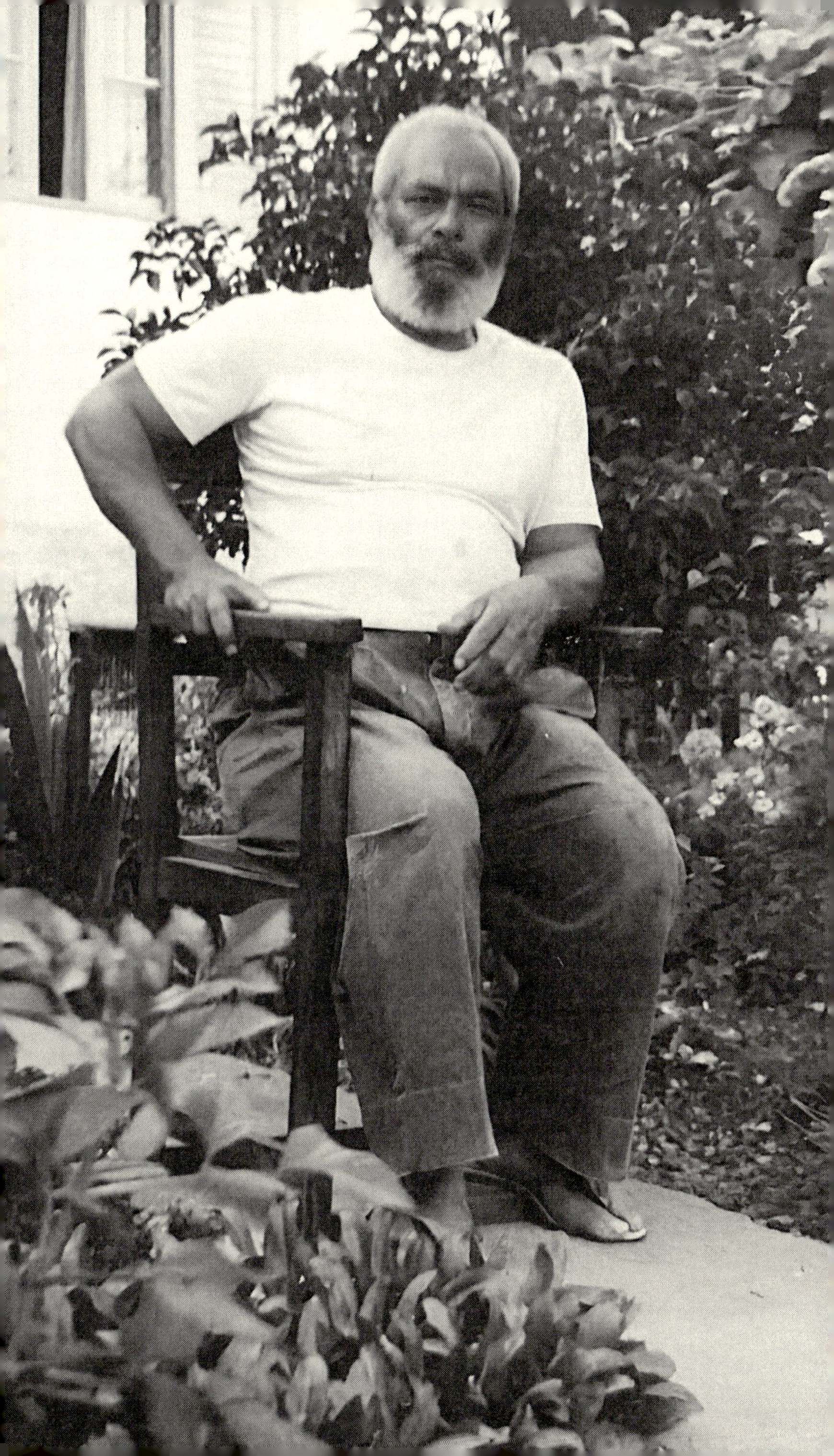

Posfácio

A surpresa e o clarão

por Marcia M. Pereira

Fernando Pessoa afirmou, certa vez, que "o poeta é um fingidor: finge tão completamente que chega a fingir que é dor a dor que deveras sente". Ao mergulhar pelas folhas de *Na proa do trovão*, fico imaginando o poeta-homem-menino Maurício Rosa: este poeta é um fingidor? Percorrendo os versos que compõem cada poema desta obra, não me lembro só de Pessoa, mas também de Francisca Júlia, Ana Cristina César, Conceição Evaristo, Olavo Bilac e o também célebre poeta português António Nobre, que, em seu triste e corajoso "Só", poetiza:

> A Lua-a-Branca, que é tua avozinha,
> Cobria com os seus os teus cabelos
> E dava-te um aspeto de velhinha!

Nas páginas deste primoroso livro de Maurício Rosa, encontro algo mais que um poema, encontro uma espécie de oração, dedicada à avó:

> porém
> nuvem caída sobre ela
> é vestido de noiva
>
> Armando olhando mais de perto:
> nuvem se tornando mãe
> nuvem convertida em cozinheira
> nuvem parecida com água
>   lavando a fralda dos pequenos
>   nuvem de levar pra cama
>
>   e a nuvem exata:
>   dois olhos tenazes, anca multifacetada
>   mãos de embalar, bater
>   pernas de seguir
>   e só retroceder para botar
>   ombro a ombro
>   seu homem de pé

Mesclo Rosa com Nobre e penso: seriam, ambos os livros uma espécie de autobiografia poética? Seriam dois poetas fingidores? Seriam dois poetas na mesma língua e na mesma dor?

Sigo percorrendo as páginas e vejo que continuamos com Júlias, Césars, Evaristos, Pessoas, Nobres... E provo!

Maurício Rosa – Ana Cristina César:

> ainda há solidões aqui

faça o favor de bater os tapetes
e retirar o pó dos poemas

Maurício Rosa – Conceição Evaristo:

sagrada como a casa de Tia Ciata
a barriga de minha bisavó despedia-se
daquele filho ilegítimo e tardio da abolição

luz que poderia dar além daquela não havia
   (por isso decidiu morrer por ali mesmo
      na penumbra de parir sozinha)

Maurício Rosa – Francisca Júlia:

os noivos se despedem na igreja
salpicados pela garoa de arroz

então desentender: tudo permanece
   filho é nosso
o buquê enfim é lançado
   ninguém o alcança:

            pétalas arrebentam no chão.

    Talvez este texto seja mais um convite a ler Maurício Rosa e outros(as) poetas geniais que permeiam sua obra. De minha parte, fico, após a leitura, entre a proa e o trovão — ou seja, naquele lugar entre o limite e o perigo, a surpresa e o clarão, aquele acontecimento que nos torna outros e outras após o contato com uma arte bonita, ímpar e singular, assim como é a poesia de Maurício Rosa.

Iniciei este texto denominando Rosa como poeta-homem-menino e, concluo, sim, o poeta é um fingidor: sua arte, sua alegria, sua tristeza e suas conclusões são nossas, são de seus leitores. Poeta, obrigada por esta viagem inesquecível, imensa e bela, na proa do trovão!

Evoé, leitores!

Evoé, Maurício Rosa!

Marcia M. Pereira é licenciada em Letras (Uninove/SP), mestre em Educação (Uninove/SP) e doutora em Letras (Mackenzie/SP). Tem experiência na área de Formação de Professores, onde atuou neste segmento na Universidade Nove de Julho, Instituto PROA, Instituto Singularidades e, atualmente, na Parceiros da Educação. Importante acrescentar que, como taurina legítima, adora uma comida e uma prosa boa. Mas nada disso teria brilho e potência se não fosse mãe de Manuela, de 6 anos.

Índice

Apresentação 11
Prefácio 17

Abertura (ou Das Intenções) 23
   Fascinação 27
   Latin lover 29
   Menina do mato 31
   Carolina 33
   Quibe cru 34
   Só louco 36
   Nuvem passageira 37
   Coisas da vida 38
Tangará 40
   o pai 41
   a famíla 42

os de tangará	43
os imigrantes	44
o forasteiro	45
os jovens	46
o artista	47
os amigos	48
os politicos	49
A dor mais	50
o amigo	51
Capricho	52
O casarão	54
os velhos	55
os filhos	56
a neta	57
o genro	58
a noiva	59
os de fora	61
as namoradas	62
Retrato	64
Posfácio	71

COLEÇÃO POESIA ORIGINAL

Quadripartida	PATRÍCIA PINHEIRO
couraça	DIRCEU VILLA
Casca fina Casca grossa	LILIAN ESCOREL
Cartografia do abismo	RONALDO CAGIANO
Tangente do cobre	ALEXANDRE PILATI
Acontece no corpo	DANIELA ATHUIL
Quadripartida (2ª ed.)	PATRÍCIA PINHEIRO
na carcaça da cigarra	TATIANA ESKENAZI
asfalto	DIANA JUNKES
Caligrafia selvagem	BEATRIZ AQUINO
Na extrema curva	JOSÉ EDUARDO MENDONÇA
ciência nova	DIRCEU VILLA
eu falo	ALICE QUEIROZ
sob o sono dos séculos	MÁRCIO KETNER SGUASSÁBIA
Travessia por	FADUL M.
Tópicos para colóquios íntimos	SIDNEI XAVIER DOS SANTOS
Caminhos de argila	MÁRCIO AHIMSA
apenas uma mulher	ALICE QUEIROZ
a casa mais alta do coração	CLARISSA MACEDO
Pidgin	GABRIELA CORDARO
deve ser um buraco no teto	CAMILA PAIXÃO
caligrafia	ALEXANDRE ASSINE
kitnet de vidro	DIULI DE CASTILHOS
o idioma da memória	MÁRCIO KETNER SGUASSÁBIA
Na proa do trovão	MAURÍCIO ROSA

© 2024 Maurício Rosa.
Todos os direitos desta edição reservados à Laranja Original.

www.laranjaoriginal.com.br

Edição   Renata Py
Projeto gráfico   Marcelo Girard
Produção executiva Bruna Lima
Diagramação   IMG3
Imagem da capa   Arquivo pessoal

Dados Internacionais de Catalogação na Publicação (CIP)
(Câmara Brasileira do Livro, SP, Brasil)

> Rosa, Maurício
>   Na prova do trovão / Maurício Rosa. – 1. ed. –
> São Paulo : Editora Laranja Original, 2024. –
> (Coleção poesia original)
>
>   ISBN 978-85-92875-89-3

1. Poesia brasileira I. Título. II. Série.

24-230626   CDD-B869.1

Índices para catálogo sistemático:
1. Poesia : Literatura brasileira B869.1
Eliane de Freitas Leite - Bibliotecária - CRB 8/8415

Laranja Original Editora e Produtora Eireli
Rua Isabel de Castela, 126
05445-010 São Paulo SP
contato@laranjaoriginal.com.br

Papel Pólen Bold 90 g/m² / *Impressão* Psi7 / Tiragem 150 exemplares